Pierina

П'єрина

ENGLISH-UKRAINIAN BILINGUAL CHILDREN'S BOOKS / АНГЛО-УКРАЇНСЬКІ ДВОМОВНІ ДИТЯЧІ КНИГИ

Check out the books in the **UK**:
Перегляньте книги у **Великобританії**:

Check out the books in the **USA**:
Перегляньте книги у **США**:

Scan the QR code with your phone camera to check out the books.
Відскануйте QR-код за допомогою камери вашого телефону, щоб переглянути книги.

Published by Antonina Novarese, Vertou, France
English / Ukrainian bilingual edition
Written, translated, illustrated, designed by Antonina Novarese
First published as *Small White* in English in 2020 by Antonina Novarese
ISBN : 978-2-902718-22-1
Édition : Antonina Novarese, 51 rue Charles Lecour, 44120 Vertou, France
Imprimé à la demande depuis novembre 2023. L'imprimeur est indiqué à la dernière page de l'ouvrage.
Loi n° 49-956 du 16 juillet 1949 sur les publications destinées à la jeunesse : novembre 2023
Dépôt légal : novembre 2023
WWW.ANTONINANOVARESE.COM

Antonina Novarese

Pierina

П'єрина

story and pictures by Antonina Novarese
текст та ілюстрації Антоніни Новарез

Pierina was feeding her pet bugs. Suddenly, they all ran away. Pierina looked around, and saw that a storm cloud was coming.

П'єрина годувала своїх жуків. Раптом вони всі повтікали. П'єрина озирнулася і побачила, що насувається грозова хмара.

Plop! Plop! Plop! It started raining. Pierina's wings were getting wet. She looked around for somewhere to hide.
She found a big leaf.

Крап! Крап! Крап! Почався дощ. Крильця П'єрини намокли. Вона подивилася навколо, шукаючи, де б сховатися.
Вона знайшла великий лист.

But the wind blew it away almost at once.
Pierina trembled.

Але вітер його майже одразу здув.
П'єрина затремтіла.

She took cover beneath a mushroom. It was dry under there, and Pierina sighed with relief.

Вона сховалася пів грибом. Тут було сухо, і П'єрина зітхнула з полегшенням.

But a moose came and ate the mushroom.

Але прийшов лось і з'їв гриб.

Pierina found a hole in a tree. It was warm in there. While she was sheltering, the rain stopped, and the sun came out again.

П'єрина знайшла дупло у дереві. Всередині було тепло. Поки вона ховалася, закінчився дощ, і знову вийшло сонце.

But the hole turned out to
belong to a bird! Pierina fled.

Але виявилось, що це
пташине дупло! П'єрина кинулася
навтьоки.

Luckily, the bird couldn't keep up with her. But something was holding Pierina back.
It was a spider's web.

На щастя, пташка не змогла її наздогнати. Але щось стримувало П'єрину.
То була павутина.

Pierina tried to desperately break free.
Eventually she managed it.

П'єрина відчайдушно намагалася
вирватися. Нарешті їй це вдалося.

Pierina looked up and saw the bird circling in the sky,
looking for her. It was coming closer when a frog showed up.

П'єрина підняла очі та побачила, що пташка кружляє в
небі, шукаючи її. Вона наближалася, коли з'явилася жаба.

"What are you doing here, Pierina, all wet like this? Get on my back, I will take you home," said the frog.

«Що ти тут робиш, П'єрино, вся отака змокла? Залазь мені на спину, я відвезу тебе додому», — сказала жаба.

Pierina sat on the frog's back and they hopped away.

П'єрина сіла жабі на спину, і вони поскакали звідти.

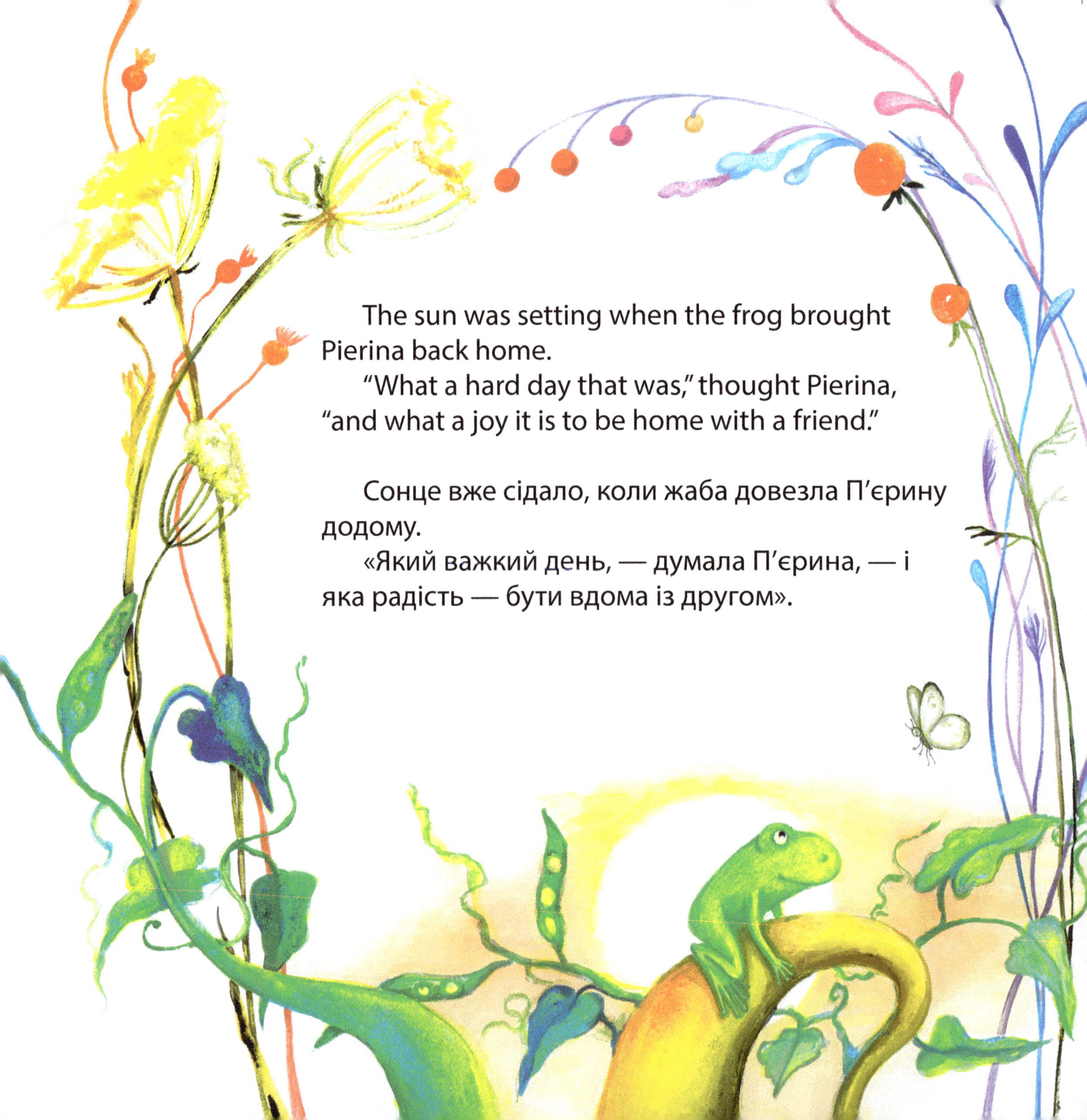

The sun was setting when the frog brought
Pierina back home.
"What a hard day that was," thought Pierina,
"and what a joy it is to be home with a friend."

Сонце вже сідало, коли жаба довезла П'єрину
додому.
«Який важкий день, — думала П'єрина, — і
яка радість — бути вдома із другом».